L'HISTOIRE DU PEUPLE ACADIEN

M. Martineau, professeur au Collège de France et président
de la Société de l'Histoire des Colonies françaises, a donné le
13 avril dernier au Collège de France devant une salle attentive
une conférence des plus attrayantes et des plus documentées
sur l'histoire du peuple acadien. Le sujet lui en a été fourni par
la publication d'un ouvrage récent (janvier 1923) de M. Émile
Lauvrière, professeur au Lycée Louis le Grand, sous ce titre
suggestif : *La Tragédie d'un peuple : Histoire du peuple acadien* [1].
Il a paru à M. Martineau que les nombreux documents rassemblés en cet ouvrage et qui étaient jusqu'alors inconnus en
France, méritaient une exposition publique et une interprétation raisonnée.

Pour résumer d'abord en peu de mots l'intérêt de cette conférence, qui se confond d'ailleurs avec celui même de l'ouvrage,
nous dirons qu'au début du xviie siècle une cinquantaine de
familles françaises vinrent s'établir en Acadie avec Poutrincourt,
Razilly et Menou, sieur d'Aulnay, que ces familles en avaient
elles-mêmes produit 500 autres, avec une population de
2.528 personnes, lorsqu'elles tombèrent sous la domination de
l'Angleterre en 1713. Quarante-deux ans plus tard, cette population avait atteint le chiffre de 14.000. C'est alors [1755] qu'en
pleine paix avec la France, pour s'en débarrasser et pour
donner des terres à des colons anglais, l'Angleterre entreprit de
la déporter tout entière en ses colonies de la Nouvelle Angleterre, de la Virginie ou des Carolines, et de fait elle en déporta
plu de 8.000, qui ne revinrent jamais en leur pays. Les autres,
réfugiés dans les forêts, les cavernes ou les anfractuosités des
rochers, vécurent pendant plusieurs années, traqués comme des
bêtes malfaisantes et obligés de se mêler le plus souvent à la
population peau-rouge. Lorsque la paix de Paris en 1763 leur

---

1. *Paris, Éditions Bossard, 1923, 2 vol. in-8°, de 518 et 598 pages,
88 illustrations, dont 22 cartes. Prix : 45 fr.*

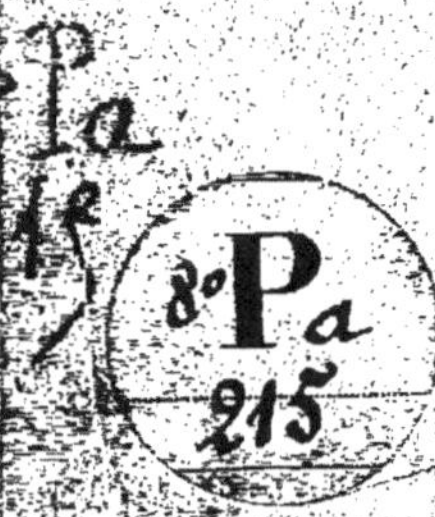

donna enfin un peu de sécurité, ils ne se retrouvèrent plus que 1.500. Or, ils sont aujourd'hui plus de 500.000, parlant français et professant la religion catholique, comme leurs aïeux des premiers jours.

Ce simple résumé donne tout l'intérêt du volume : intérêt poignant et douloureux aux heures dramatiques de 1755 à 1763, intérêt rempli d'espérances et de joie lorsque nous touchons à la période contemporaine.

C'est en 1604 qu'un seigneur français du nom de De Monts, arriva pour la première fois en Acadie, avec un privilège du roi pour mettre le pays en valeur et y faire du commerce. Il était accompagné de Champlain, qui n'était pas encore allé au Canada, de Poutrincourt et de 120 engagés tant catholiques que protestants. Il se fixa d'abord à l'embouchure de la rivière Ste Croix sur le continent (cette rivière sépare actuellement l'état du Maine du Nouveau Brunswick), puis à la baie de Port-Royal (aujourd'hui Annapolis) en Acadie elle-même. Ce fut le premier établissement du nord de l'Amérique ; antérieur de 2 ans à Québec au Canada et à Jamestown en Virginie, de 15 ans à Plymouth au Massachusetts et de 25 ans à Boston.

De Monts céda son établissement en 1606 à son compagnon, le sieur de Poutrincourt, picard d'origine. A la suite d'un voyage en France, celui-ci ramena une équipe d'artisans et de laboureurs et un de ses voisins de Thiérache, Marc Lescarbot, avocat au Parlement de Paris, qui nous a laissé une curieuse *Histoire de la Nouvelle France*. C'est en cette histoire que nous voyons la première esquisse de l'esprit de la politique française à l'égard des indigènes et il n'est pas inutile de la souligner au passage, car cette politique est restée celle de notre pays :

Nous en (des sauvages) avions toujours vingt ou trente hommes, femmes, filles et enfants qui nous regardaient officier. On leur baillait du pain gratuitement comme on ferait à des pauvres ; mais quant aux chefs ils étaient à la table mangeant et buvant comme nous et avions plaisir à les voir, comme au contraire leur absence nous était triste... Une fois, ils emmenèrent en leurs chasses un des nôtres, lequel véquit quelques six semaines comme eux, sans sel, sans pain et sans vin, couchant à terre sur des peaux et ce en temps de neiges. Au surplus ils avaient soin de lui plus que d'eux-mêmes... car ce peuple aime les Français et au besoin s'armeront tous pour les soutenir... Lui et ses lieutenants, dit-il ailleurs, ont humainement traité les peuples de la dite province. Aussi aiment-ils universellement les Français et ne désirent rien plus que de se conformer à nous en civilité, bonnes mœurs et religion. Quoi donc, n'auronsnous point pitié d'eux qui sont nos semblables ? Les lairrons *(sic)* nous toujours périr à nos yeux, c'est-à-dire, le sachans, sans y apporter aucuns remèdes ?

Des intrigues de marchands, de seigneurs et même de religieux, paralysèrent plutôt qu'elles n'arrêtèrent complètement le succès de l'entreprise, qui se maintint tant bien que mal jusqu'à la mort de Pontrincourt, tué en France en 1615 et de son fils Biencourt mort en 1624.

Entre temps, le roi d'Angleterre Jacques Ier avait, par une concession abusive, étendu jusqu'au 48° de latitude nord, c'est-à-dire au-delà même de l'embouchure du St-Laurent que nous occupions, les pouvoirs de la Compagnie de Plymouth et octroyé à l'un de ses sujets écossais, Sir William Alexander, nos propres terres d'Acadie.

A la mort de Biencourt, sa succession fut revendiquée ou plutôt usurpée par un aventurier français du nom de Latour qui s'entendit avec Alexander, et en fait l'Acadie passa pour la première fois sous la domination anglaise. Le traité de St-Germain (1632) nous la restitua, mais avec cette singulière interprétation que le roi d'Angleterre Charles Ier et Sir William eurent soin d'insister sur la complète démolition du fort construit par ce dernier et sur le transfert de tous les gens, biens et bétail, de façon à laisser le pays tout à fait désert et dépeuplé. Quelques familles écossaises restèrent néanmoins et se mêlèrent à la faible population déjà existante.

Richelieu, qui avait pris depuis 1624 l'administration des affaires de la France, envoya alors en Acadie un de ses parents, du nom de Razilly, qui s'était déjà distingué dans de nombreuses expéditions maritimes, notamment sur les côtes du Maroc.

Razilly amena avec lui une quinzaine de nouvelles familles françaises et un gentilhomme tourangeau du nom de Menou, sieur d'Aulnay, qui, à sa mort prématurée en 1635, continua son œuvre. Menou, peut être considéré comme le vrai créateur de l'Acadie ; durant les quinze ans qu'il vécut encore et dont il passa la majeure partie dans le pays, il s'attacha résolument à l'œuvre de colonisation. Il fit venir de France une vingtaine de familles nouvelles et le peuplement français progressait régulièrement, lorsqu'il mourut noyé dans les marais de Port-Royal en 1650.

Sa mort fut l'occasion de nouveaux troubles où nous voyons

reparaître les Latour et leurs intrigues. Un autre individu du nom de Leborgne, originaire de Saintonge, embrouilla encore les affaires, qui étaient des plus confuses, lorsqu'en 1654 Cromwell opéra une seconde fois pour le compte de l'Angleterre la conquête de l'Acadie avec une escadre primitivement destinée à enlever New-York (alors Manhatan) aux Hollandais.

Le traité de Bréda (1667) nous restitua à nouveau le pays ; toutefois il ne nous fut réellement rétrocédé qu'en 1670. La population française s'élevait alors à 393 personnes, réparties en 108 familles.

Dans la période qui suivit et qui dura jusqu'en 1710, le pays fut administré par des gouverneurs nommés par le roi et dont le dernier fut Subercase. Ce fut pour l'Acadie une période relativement calme, troublée cependant par une nouvelle guerre avec l'Angleterre (celle de la ligue d'Augsbourg), qui nous fit perdre une troisième fois notre colonie en 1690, mais elle nous fut restituée au traité de Ryswick en 1697. Pendant ces quarante ans, il n'y eut point, en dehors de cette guerre, d'événements sensationnels, ni même importants ; nos Français se livraient tranquillement et heureusement à la pêche, à l'agriculture et au commerce des pelleteries, et la population augmentait d'une façon continue. Dans les seules communes de Port-Royal, Beaubassin et les Mines, elle passa successivement de 776 habitants en 1686, à 1.068 en 1693, 1.134 en 1701, 1.484 en 1707 et nous avons déjà vu que pour l'ensemble du pays, elle était de 2.528 en 1713, au moment où le pays passa pour la quatrième et dernière fois sous la domination anglaise.

Ce fut à la suite de la longue guerre de Succession d'Espagne que s'accomplit ce déchirement : Port-Royal nous fut enlevé en 1710 après un siège de courte durée où le gouverneur Subercase ne put opposer que 258 hommes aux 3.500 de Nicholson.

●

En vertu du traité d'Utrecht, qui termina cette guerre, les Français, devenus sujets du roi d'Angleterre, avaient la liberté de se retirer ailleurs dans l'espace d'un an avec tous leurs effets mobiliers : tous demandèrent à partir et à s'établir à l'Ile Royale qui nous était restée. Les trois cents chefs de famille de Port-Royal et des Mines signèrent en présence de Nicholson le document suivant :

« En ce jour, fête de Saint-Louis (13 août 1714), nous soussignés, avec toute la joie et la satisfaction dont nous sommes capables, donnons par la présente la preuve éternelle que nous voulons vivre et mourir en fidèles sujets de Sa Majesté très Chrétienne, et nous engageons à nous rendre à l'Ile Royale et à nous y établir, nous et nos descendants. »

Cet exode collectif, quoiqu'ardemment désiré par l'Angleterre, ne lui convenait cependant point, au moment où il fut demandé par les Français eux-mêmes ; elle s'était attendue, après la paix d'Utrecht, à voir arriver en Acadie un grand nombre de colons soit d'Angleterre elle-même, soit de ses colonies d'Amérique ; or il n'en vint aucun. Le départ des Français risquait de ruiner le pays ; d'autre part, en allant à l'Ile Royale, ils pouvaient y créer une colonie florissante qui ferait concurrence à l'Acadie devenue anglaise. Aussi Nicholson, sans exciper officiellement aucun de ces motifs, refusa-t-il purement et simplement aux Acadiens la permission de partir. Vainement plusieurs d'entre eux armèrent-ils des embarcations pour les transporter, eux et leurs biens, à l'Ile Royale ; ces embarcations furent retenues et détruites. Vainement le gouverneur français de Louisbourg à l'Ile Royale voulut-il à son tour envoyer des vaisseaux à Port-Royal, devenu Annapolis, pour embarquer nos compatriotes ; ces bateaux ne purent correspondre avec la terre sous prétexte que l'Acte de Navigation de Cromwell ne permettait pas aux navires étrangers de faire des opérations dans les ports anglais. Nos malheureux compatriotes se virent donc contraints malgré eux à supporter le joug étranger ; quelques centaines cependant, trompant la vigilance anglaise, purent se rendre par terre jusqu'à la côte qui fait face aux Iles Royale et St Jean et parvinrent à passer dans ces îles, où ils formèrent un nouveau noyau de population française.

En retenant ainsi les Acadiens dans leur pays d'origine, l'Angleterre ne renonçait point à les expulser un jour ou l'autre ; seulement elle attendait le moment où ils auraient mis le pays en valeur, pour pouvoir distribuer leurs dépouilles à des colons anglais qu'on ferait venir tout exprès pour prendre part à la curée. C'est tout le secret de la politique qu'elle suivit jusqu'en 1755.

Jusqu'à cette date, c'est-à-dire pendant quarante-deux ans, les Acadiens vécurent dans une sécurité relative. Elle ne fut troublée que par le serment d'allégeance ou de fidélité au roi d'Angleterre que les gouverneurs voulurent exiger de la population. Celle-ci ne s'y refusait pas en principe, mais elle prétendait ne pas être obligée de porter les armes en cas de guerre avec la France, — et au fond du cœur chacun des Acadiens désirait notre retour. Un vice-gouverneur, du nom d'Armstrong, obtint un moment (1727) un serment dans lequel l'exemption du service militaire, telle que la désiraient les Acadiens, était expressément stipulée ; seulement il y avait deux textes, l'un français et l'autre anglais et, dans le texte anglais, le serment était donné sans condition.

Le gouverneur titulaire, un nommé Philipps, étant revenu peu de temps après dans la colonie, se refusa à accepter cette étrange situation et prétendit imposer aux habitants le serment pur et simple ; mais lui aussi dut entrer en composition et, en 1730, il fut entendu d'un commun accord que les Acadiens promettraient au roi d'Angleterre de lui être fidèles, de lui obéir et de le reconnaître comme souverain seigneur de l'Acadie ; mais, par un acte authentique passé devant les curés catholiques, ledit gouverneur promettait en même temps aux habitants « qu'il les exemptait du fait des armes et de la guerre contre les Français et les sauvages » ; les habitants promettaient par contre de ne jamais prendre les armes contre le roi d'Angleterre et son gouvernement. Les Acadiens furent en conséquence reconnus comme neutres et le nom de « neutral French » leur resta appliqué jusqu'en 1755.

Conformément à cet accord, les Acadiens restèrent fidèles, trop fidèles peut-être à leur serment, puisque durant la guerre qui se déroula entre la France et l'Angleterre de 1744 à 1748, tous les Acadiens à une vingtaine près, non seulement ne se soulevèrent point, mais refusèrent de se prêter à deux coups de main successifs qui furent tentés du Canada contre Annapolis.

Ce fut au cours de cette guerre malheureuse que les Anglais s'emparèrent de Louisbourg dans l'Ile Royale, réalisant ainsi le but qu'ils se proposaient depuis Jacques Ier, c'est-à-dire enlever aux Français tout port de relâche jusqu'à l'embouchure du St-Laurent et les enfermer dans le fleuve dont ils tiendraient tous les bastions avancés. L'Acadie était le premier qui fut tombé entre leurs mains, l'Ile Royale fut le second ; ces deux conquêtes opérées, le Canada ne pouvait manquer de succomber à son tour. Deux flottes que nous envoyâmes en 1746 et 1747 au secours de nos colonies d'Amérique, celle de Danville et de la Jonquière, furent détruites, l'une par la tempête et la seconde par l'escadre ennemie de l'amiral Anson.

Les succès que Dupleix et la Bourdonnais remportèrent alors dans l'Inde, en s'emparant de Madras, obligèrent les Anglais

à ajourner en Amérique la réalisation de toutes leurs espérances ; au traité d'Aix-la-Chapelle de 1748, Louisbourg nous
fut restitué en échange de Madras.

Ce fut alors, mais alors seulement, que l'Angleterre songea
sérieusement à peupler l'Acadie de colons anglais. Dès le mois
de février 1749, le gouverneur de Boston, Shirley, proposa
d'introduire dans le pays 4.000 familles d'Angleterre et d'Amérique et de favoriser leur installation en leur donnant les terres
des Acadiens. La proposition fut acceptée à Londres, et de 1749
à 1754, on envoya en Acadie, non pas 4.000 familles, — le
chiffre eût peut être été difficile à atteindre en si peu de temps
— mais 4.228 personnes dont 1.914 hommes, 1.122 femmes
et 1.192 enfants. On commença à les installer sur les terres
des Français qui ne pouvaient, leur dit-on, rien réclamer puis-
qu'ils n'avaient pas cru devoir bénéficier des dispositions du
traité d'Utrecht, qui ne leur avait permis de quitter leur pays
que dans le délai maximum d'une année. On a vu plus haut
comment les Anglais s'étaient opposés à cet exode. La fonda-
tion d'Halifax date de cette époque.

Ce commencement d'éviction par l'enlèvement du sol qu'ils
avaient défriché et mis en valeur détermina un grand nombre
d'Acadiens à quitter volontairement le pays ; une partie alla
grossir la population des Îles Royale et St-Jean et une autre
alla se fixer à Beauséjour, au-delà de l'isthme qui rejoint
l'Acadie au continent, et dans quelques localités du Nouveau
Brunswick actuel.

L'administration bienveillante du gouverneur Hopson qui
s'exerça du début de 1752 à novembre 1753 rendit aux habitants une sécurité nouvelle ; mais à Hopson succéda un nommé
Lawrence, un de ces hommes comme l'Angleterre en trouve
toujours lorsqu'il s'agit d'attenter à la liberté des peuples et
d'accomplir quelque œuvre exécrable.

Dès les premiers jours de son installation, ce Lawrence songea
à déporter en masse toute la population et il en fit la proposition au gouvernement de Londres. Il est juste de dire qu'il
n'existe point de document rigoureusement officiel qui nous
permette de dire qu'elle fut expressément acceptée ; mais,
comme Lawrence resta encore cinq ans à son poste après l'avoir
réalisée et que, loin d'être désavoué, il fut couvert d'honneurs,
on peut affirmer que le projet qu'il soumit au gouvernement bri-

tannique ne fut point exécuté sans son approbation formelle. Et n'y a-t-il pas une approbation tacite en ces simples paroles qui vinrent de Londres ?

« Toute idée de créer là une colonie britannique nous semble impraticable tant que les forts de Beauséjour, de la Baie Verte, etc. n'auront pas été détruits, les Indiens chassés de leur campement et les Français réduits à chercher les refuges que peuvent bien offrir les terres stériles du Cap Breton, de Saint-Jean et du Canada. »

En bon français, cela voulait dire : « Chassez d'abord les Acadiens ; nous laisserons faire. » Lawrence ayant carte blanche ne perdit pas un moment. Le 6 juin 1755, il envoya d'Halifax à Grand'Pré et Piziguid, gros villages dépendant des Mines, une centaine de soldats comme pour une partie de pêche. Ces hommes, logés deux par deux chez l'habitant, se saisirent pendant la nuit des armes qu'ils purent trouver. Le lendemain, les Acadiens, déjà à moitié désarmés, furent invités à livrer leurs autres armes. Ils pouvaient en avoir besoin contre les animaux féroces, qui menaçaient leurs troupeaux ; ils adressèrent une demande au gouverneur pour les conserver. Cette pétition fut jugée insolente et hostile et les signataires durent comparaître devant le gouverneur et son conseil. A la suite de débats d'où la justice fut exclue, les signataires furent retenus prisonniers et tous les Français de la colonie sans exception condamnés à être déportés. Cet arrêt, dont il convient éternellement de se souvenir, porte la date du 28 juillet.

L'exécution ne se fit pas attendre. Au cours même des débats, Lawrence s'était mis en rapport avec une maison de navigation de Boston pour transporter immédiatement les futurs condamnés dans les colonies anglaises d'Amérique.

Les premiers bateaux, chargés de cette triste mission, arrivèrent à Beaubassin le 28 août. Préalablement, le colonel Moncton avait réuni dans une sorte de camp de concentration presque toute la population. Afin que personne ne s'échappât, Lawrence lui avait donné comme instruction de faire tomber tout d'abord en son pouvoir les hommes, jeunes et vieux, mais surtout les chefs de famille ; car, disait-il, « une fois les hommes détenus, il n'y a guère lieu de craindre que les femmes et les enfants tentent de s'enfuir et d'emmener les bestiaux. » Au reste, tous les habitants français étaient exclus du droit de propriété et il ne leur était pas permis d'emporter la moindre chose si ce n'est leur argent et leurs meubles.

L'opération ne réussit pas aussi complétement que l'eût désiré Moncton ; plusieurs centaines d'habitants mis en défiance eurent le temps de se sauver de l'autre côté de l'isthme. Néanmoins on embarqua 1.100 personnes du 10 septembre au 11 octobre et on les dirigea sur la Géorgie et la Caroline.

L'expédition des Mines fut plus fructueuse. Lorsque les premiers bateaux furent arrivés, le 29 août, le lieutenant-colonel Winslow convoqua les habitants à l'Eglise, pour une communication qu'il devait leur faire le 5 septembre. Quand il les eut à sa discrétion, il les retint et leur annonça qu'ils seraient déportés. Comme tous les membres des familles n'étaient pas rassemblés, Winslow fit savoir que, s'il en manquait à l'appel, on brûlerait leurs maisons et quelques exemples suffirent pour prouver que ce n'était pas là une vaine menace. On parvint ainsi à réunir la population presque tout entière ; ceux qui s'étaient enfuis dans la campagne vinrent volontairement se constituer prisonniers ; car ils ne pouvaient s'imaginer que leur exil dût être éternel et ils avaient toujours comme une espérance de retrouver un jour et leurs maisons et leurs propriétés; c'est ainsi qu'on embarqua aux Mines 3.282 personnes dans le courant d'octobre.

C'est, comme on le sait, aux Mines ou plutôt au village de Grand Pré que l'illustre poète américain Longfellow a placé l'histoire d'Évangéline, qu'il convient de résumer en peu de mots, car elle est autre chose qu'un symbole. L'auteur suppose qu'une jeune fille du nom d'Evangéline, fille d'un habitant de Grand Pré, s'était mariée la veille du débarquement des forces anglaises. Arrêtée comme toute la population, mais séparée de son mari au moment de l'embarquement, elle fut déportée sur la côte d'Amérique où elle passa toute sa jeunesse à rechercher son mari. Quand elle eut perdu toute espérance, elle se fit sœur de charité et vint soigner les malades dans un hôpital de Boston. Or il arriva qu'un jour on lui présenta un malade qui allait mourir ; c'était son époux. Elle n'eut que le temps d'échanger avec lui les dernières paroles et lui ferma les yeux. Elle-même ne tarda pas à succomber en ce terrible calvaire.

Il a fallu que M. Lauvrière vint illustrer par une documentation précise et nombreuse tout ce que ce poëme avait de douloureux pour que l'on se rendit compte que ce n'était pas une histoire imaginaire qu'avait racontée Longfellow ; c'était celle du peuple Acadien tout entier. Car, si, dans la précipitation de l'embarquement, on ne sépara pas de parti-pris les membres d'une même famille, on ne se donna non plus aucune peine pour les réunir ensemble et il y eut plus d'une Evangéline qui ne retrouva jamais son mari, plus d'un père qui ne retrouva jamais ses enfants.

Handfield à Port Royal renouvela les exploits de Moncton et de Winslow et embarqua dans le même temps 1.664 personnes. D'autres déportations, moins importantes, portèrent le chiffre à 7.000, dont :

2.000	furent envoyés	au Massachusetts,
700	«	au Connecticut,
250	«	à New-York,
500	«	en Pensylvanie,
1.000	«	au Maryland,
1.150	«	en Virginie,
1.000	«	dans les Carolines, et enfin
400	«	en Géorgie.

M. Lauvrière a essayé de suivre en ces divers pays la lamentable odyssée de ces malheureux déportés et il y est arrivé autant que faire se peut.

Ceux qui furent envoyés en Géorgie et aux Carolines y trouvèrent un climat chaud et humide qui ne leur convenait point. Les gouverneurs de ces colonies, qui n'avaient point été prévenus de leur arrivée, les autorisèrent à retourner dans leur pays, s'ils le pouvaient. Les uns tentèrent l'épreuve par mer, mais furent arrêtés à New-York ; d'autres gagnèrent le Canada par la voie du Mississipi : d'autres enfin allèrent se fixer en Louisiane, où il y eut bientôt un noyau d'Acadiens assez important pour former de nos jours une agglomération de 50.000 personnes.

La Virginie ne voulut pas les recevoir et, sans leur permettre de débarquer, elle les renvoya presque tous en Angleterre.

Ils furent au contraire mieux accueillis dans le Maryland où il y avait une population catholique assez nombreuse ; on fit des quêtes en leur faveur et on se mit en peine pour leur procurer des moyens d'existence. Grâce à ces procédés, les Acadiens évacués au Maryland n'ont pas tardé à se mêler à la population anglaise ; la plupart ont perdu jusqu'à leurs noms de familles qui ont été anglicisés et leurs descendants ignorent certainement aujourd'hui quelles furent les tribulations de leurs parents.

De mœurs plus puritaines, les Anglais de New-York et de

Pensylvanie ne virent dans les nouveaux arrivants, qu'eux aussi n'attendaient pas, qu'une main-d'œuvre à bon marché et presque gratuite ; un instant on songea à les vendre comme esclaves ; on se borna en fin de compte à les répartir dans l'intérieur du pays, où, comme au Maryland, les Français se perdirent insensiblement dans la population britannique, perdant peu à peu leur nom, leur foi et leur langage.

Les Acadiens envoyés en Nouvelle-Angleterre : Massachusetts et Connecticut, eurent une tout autre destinée. Comme en Pensylvanie et à New-York on les répartit par petits groupes de 8 familles dans l'intérieur du pays et en tout cas très loin de la côte, de façon qu'ils ne pussent avoir aucun rapport avec leurs compatriotes d'origine. Là aussi, on les utilisa comme manœuvres, en les réduisant à une sorte de servage. Mais la conquête du Canada qui eut lieu peu d'années après eut pour résultat d'amener dans ces colonies un certain nombre de Français du nord ; il y trouvèrent les Acadiens. Les deux éléments de population française se rapprochèrent et ne tardèrent pas à confondre leurs intérêts et ainsi fut assuré le maintien de leur langue et de leur religion. C'est ce qui explique pourquoi il y a aujourd'hui dans ces contrées une population nettement française, dispersée il est vrai, mais fidèle partout à ses traditions et à ses souvenirs, qui atteint le chiffre incroyable mais cependant authentique de 800.000 habitants.

Cependant la guerre avait éclaté de nouveau entre la France et l'Angleterre. L'amiral Boscawen n'avait point attendu qu'elle fut déclarée pour s'emparer dans le golfe du St Laurent de deux de nos navires, l'*Alcide* et le *Lys*, qui venaient ravitailler Louisbourg et, sur la frontière de la Louisiane, les colons américains avaient attaqué, sans succès d'ailleurs, le fort Duquesne à l'extrême limite de nos avant-postes. On sait combien cette guerre nous fut fatale tant en Europe qu'en Amérique ; nous perdîmes le Canada et dès le début des hostilités, les îles Royale et Saint-Jean tombèrent encore une fois au pouvoir des Anglais.

Ce fut une nouvelle occasion pour ceux-ci de déployer leur génie colonisateur ; suivant l'exemple de 1755, ils déportèrent toute la population de ces îles, évaluée environ à 4.000 personnes et en transportèrent une partie en Angleterre, tandis que l'autre était jetée çà et là sur les côtes de France, depuis Dunkerque jusqu'à la Rochelle. L'amiral Boscawen et le général

Amherst ont attaché leur nom à cette seconde œuvre de dispersion. Quant à l'Acadie, on trouva le moyen d'y rassembler encore 1.500 personnes en 1762 et de les déporter à Boston ; mais cette fois on refusa net de les recevoir et le convoi dut les ramener en Acadie ; tel un colis qui se trompe de destination.

Le traité de Paris qui fut signé l'année suivante consacra la perte de tous nos établissements en Amérique, à l'exception toutefois des petites îles de St-Pierre et Miquelon.

Avec ce traité commence une nouvelle existence pour le peuple acadien : ses tribulations sont finies. On a renoncé à toute idée de déportation nouvelle. La population française a été réduite à 1.500 personnes et de 1759 à 1762 les Anglais avaient introduit 12.750 de leurs nationaux. Que pouvait contre ces nouveaux venus la concurrence des anciens Acadiens ? Réduits à la misère et n'ayant plus de terres, ils furent obligés de louer leurs bras pour vivre et, condamnés pour longtemps à n'être que de simples manœuvres, ils devinrent les domestiques de ceux qui les avaient dépouillés. Ce fut seulement avec le temps que leur condition commença à devenir moins misérable, quand ils eurent gagné quelque argent et pu obtenir des Anglais devenus moins soupçonneux la propriété de nouvelles terres.

La guerre de l'indépendance américaine qui éclata quelques années plus tard ne troubla point l'Acadie ; les colons anglais avaient encore trop peu d'attaches dans le pays pour faire cause commune avec les insurgés du continent et restèrent fidèles à la couronne. Les Acadiens français, trop peu nombreux pour exercer une influence quelconque sur les événements, imitèrent leur exemple. Après la guerre, 28.000 loyalistes des Etats-Unis vinrent consolider la suprématie de l'élément britannique.

Mais, si cette guerre n'atteignit point l'Acadie ou ne la toucha que très faiblement, elle eut par contre de graves répercussions aux Iles St-Pierre et Miquelon, qui tombèrent aux mains des Anglais et d'où, suivant l'usage, toute la population fut déportée deux fois. La déportation était donc bien une méthode coloniale de l'Angleterre à cette époque.

Les guerres de la Révolution et de l'Empire n'eurent aucun contre-coup en Acadie non plus qu'au Canada et la condition de la population française continua lentement à s'améliorer pendant tout le cours du xixe siècle. Elle participe aujourd'hui de

tous les droits dont jouissent les citoyens britanniques et il ne
reste plus entre les vainqueurs et les vaincus que les souvenirs
du passé, mais quels épouvantables souvenirs !

Jetons maintenant un regard du côté de la France et de
l'Angleterre où nous avons vu que 4.000 Acadiens avaient
été déportés au cours de la guerre de Sept ans. Après la paix de
Versailles, tous furent réunis en France et on trouva qu'il
en restait encore 3.5oo. Il ne fallait point songer à les
ramener dans leur pays ; Choiseul en envoya plusieurs centaines
à Cayenne et aux Iles Malouines, pour essayer d'y fonder des
centres de colonisation qui ne réussirent point, mais le plus
grand nombre resta en France, où l'on songea à les fixer défini-
tivement. 77 familles représentant environ 4oo personnes
furent installés à Belle-Ile, quelques-unes à Auray, où on les
retrouve encore aujourd'hui au moins par leurs noms de
famille ; d'autres allèrent fonder une colonie agricole dans le
Poitou ; la plus grande partie enfin se perdit dans le sein de la
population où le hasard des événements les avait jetés. On
leur servit des secours pendant tout l'ancien régime et même
sous la Révolution ; ce n'est qu'avec la Restauration, vers 1823,
qu'on perd leur trace.

Telle est la sombre histoire que M. Lauvrière nous a racontée
en ses deux gros volumes qu'on ne peut lire sans une cruelle
émotion. On est parfois indigné, toujours attristé, et cependant
l'ouvrage se termine sous une impression de réconfort et de
bonheur. Après avoir suivi les Acadiens dans tous les pays où
ils furent exilés, M. Lauvrière a tenu à savoir ce qu'ils étaient
devenus comme nombre à notre époque et il est arrivé à des
conclusions consolantes. Pour la seule Acadie péninsulaire et
continentale avec les Iles qui l'entourent, les 1.5oo habitants de
1763 sont en effet devenus plus de 200.000 qui peuvent, à quelques milliers près, se répartir de la façon suivante :

plus de 120.000 au Nouveau Brunswick (ancienne Acadie continentale),

plus de 55.000 en Nouvelle Ecosse (ancienne Acadie péninsulaire [1]),

1. La superficie de la Nouvelle-Ecosse est de 54.146 kil. car., soit
environ la valeur de 9 départements français ; celle du Nouveau-
Brunswick est de 70.374 kil. carrés.

14.000 dans l'Ile du Prince Edouard,
16.000 dans l'Ile du Cap Breton,
et   7.000 aux Iles de la Madeleine.

Dans ces divers pays, ils forment déjà le quinzième de la population totale et leur nombre augmente chaque année, plus fortement que chez les Anglais. Ainsi, dans le seul Nouveau Brunswick, les Acadiens constituent déjà à l'heure actuelle le tiers de la population totale, et le président du Conseil est un Acadien, M. Paul J. Véniot.

A ces chiffres, il convient d'ajouter, en dehors de l'Acadie,

5.000 habitants au Labrador laurentien,
3.000   —   à Terre-Neuve,
50.000   —   en Louisiane,
100.000   —   au Canada, province de Québec,
et enfin 800.000   —   en Nouvelle-Angleterre (Massachusetts, Connecticut, New-Hampshire, Maine et Rhode-Island).
Il est vrai que là, ils sont mélangés à la population canadienne, qui a fourni les plus forts contingents, mais c'est tout de même une population française qui s'est maintenue intacte au milieu des Anglo-Saxons.

Si l'on songe d'autre part que la province de Québec comprend à elle seule 2.425.000 habitants d'origine française, issus des 70.000 qui s'y trouvaient en 1763, on trouve groupés à l'embouchure du St-Laurent et sur le golfe du même nom 3.500.000 Canadiens et Acadiens qui représentent 60 pour cent de l'ensemble de la population.

Ce sont des chiffres réconfortants, encore qu'ils ne nous donnent pour l'avenir de notre pays aucune espérance. Comme l'a dit excellemment le sénateur acadien Poirier, « l'amour de la France reste un culte pour les Acadiens ; son nom, une musique pour leur cœur. Plusieurs pensent toujours que la France reviendra ; ils s'appuient sur des prophéties que l'aïeul raconte à ses petits-enfants ; on est toujours résigné ; on est fidèle à l'Angleterre, mais on aime la France. Il est si naturel, il est si doux d'aimer une mère, même quand elle n'est pas là, même quand on sait qu'elle ne reviendra pas ».

Que pourrait-on ajouter à ces simples et émouvantes paroles ? sinon que la mère, dont l'enfant a créé à son tour une famille, se réjouit avant tout de son bonheur et ne lui souhaite, pour l'accomplissement de ses nouveaux devoirs, que la liberté la plus complète et la plus grande prospérité ? Tels sont les vœux que la France forme aujourd'hui pour l'Acadie. Si l'avenir doit lui réserver d'autres destinées, c'est le secret de demain ; il ne nous appartient pas de prophétiser.

Mais, se demandera-t-on, comment a pu se maintenir et se fortifier l'unité du peuple acadien au milieu de toutes les persécutions dont il a été l'objet ? La réponse est très simple ; il est resté fidèle à sa langue et à sa religion. Aux heures les plus troubles, alors que les prêtres leur étaient pour ainsi dire refusés, les plus anciens du village récitaient le chapelet le dimanche pendant que la population assemblée entonnait les chants d'Eglise ; il n'y manquait que le rituel de la messe. Lorsqu'un mariage devait se conclure, c'était encore le plus ancien qui bénissait les époux ; on dressait un acte de leur union et, quand un prêtre passait, souvent beaucoup d'années plus tard, il régularisait tous ces actes et leur donnait la consécration religieuse. C'est ainsi que la langue et la religion, l'une appuyant l'autre, ont fait du peuple acadien ce qu'il est aujourd'h   , un peuple fidèle à ses traditions et qui a trouvé dans leur respect et leur maintien les conditions mêmes de son existence, la force nécessaire pour conserver sa physionomie propre et les moyens de se ménager d'heureuses destinées.

Et, comme l'a dit en concluant M. Martineau, si des prix de vertu pouvaient être attribués aux nations comme ils le sont aux individus, nul ne le mériterait mieux que ce petit peuple dont la persécution a fortifié l'âme et dont l'esprit des aïeux continue d'inspirer les pensées et de diriger les actions.

C. M.

Abbeville (France). — Imprimerie F. Paillart.

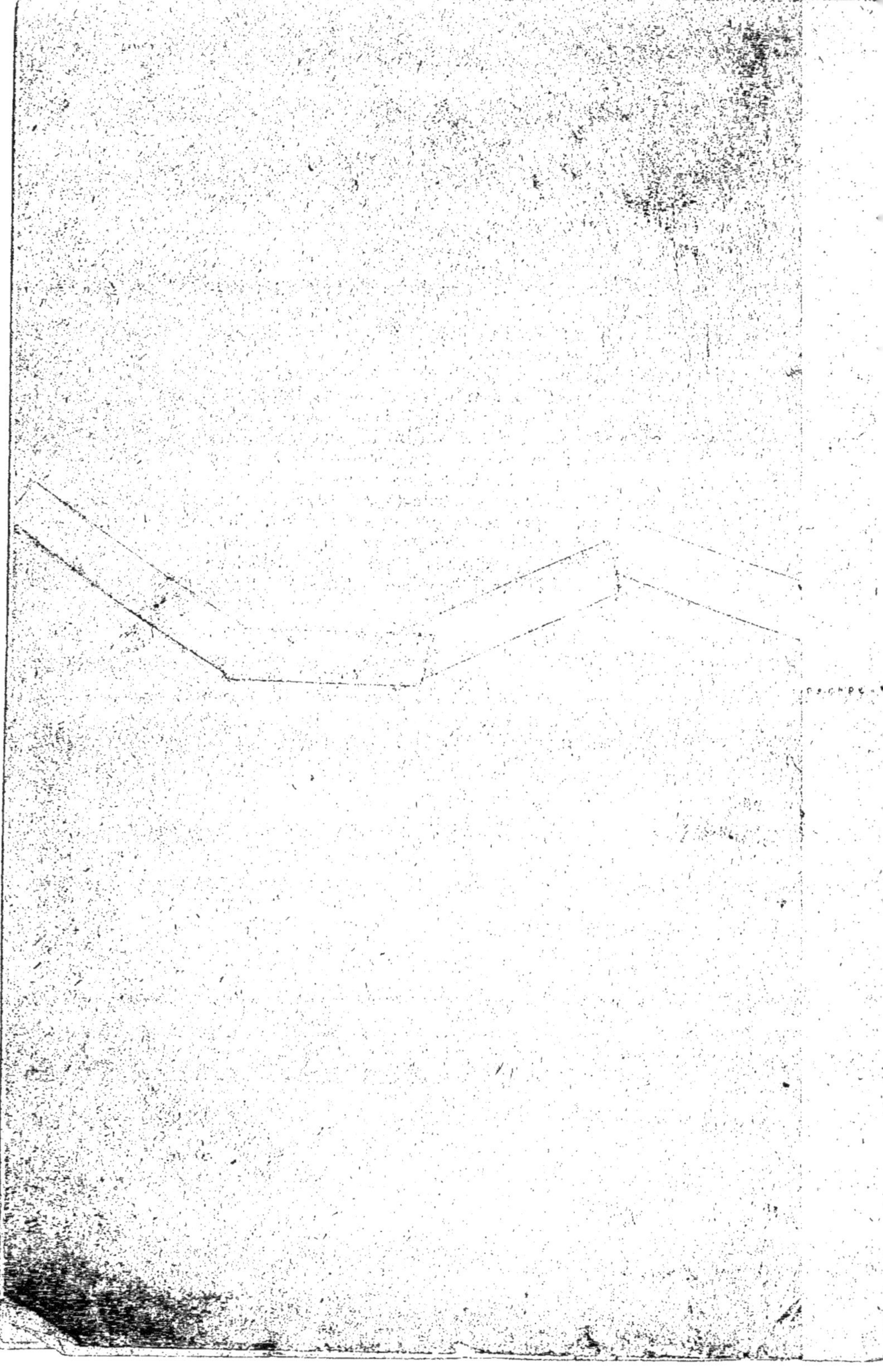